DÉBUT D'UNE SÉRIE DE DOCUMENTS
EN COULEUR

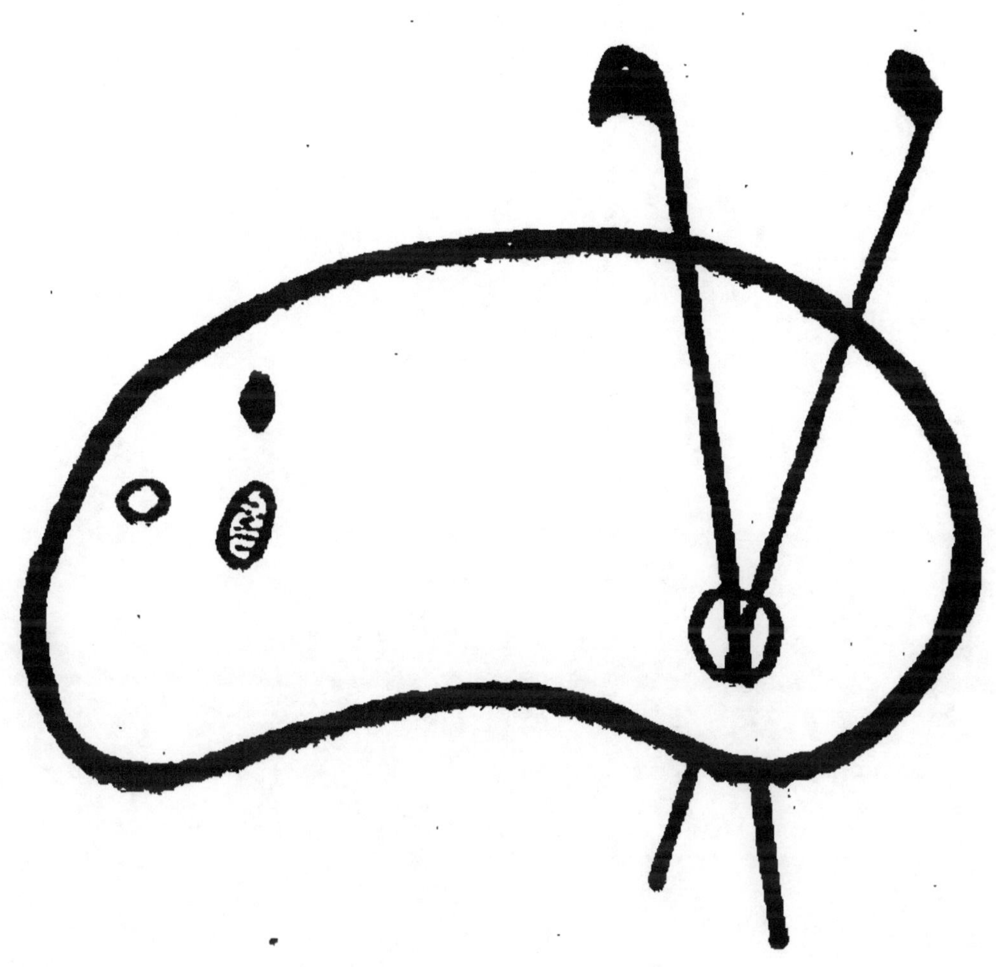
FIN D'UNE SÉRIE DE DOCUMENTS
EN COULEUR

NOTES SUR L'AQUITAINE

I.

BORDEAUX AU Xᵉ SIÈCLE

Ceux qui s'occupent d'histoire de France négligent trop les sources arabes. Avec plus de poésie, mais avec infiniment moins de précision et d'exactitude, les écrivains musulmans tiennent parfois, dans le Moyen-Age, la même place « extérieure », si je peux dire, que les ambassadeurs vénitiens dans les temps modernes (1).

Il est vrai que ces sources sont d'accès difficile. Aussi doit-on remercier vivement tous les érudits qui, malgré l'ennui de la besogne, nous rendent le service de les traduire.

C'est le cas de M. Jacob, un spécialiste de la littérature et en particulier de la géographie de l'Islam. Il a extrait de la Cosmographie de Qazwīnī, qui vivait au XIIIᵉ siècle, toutes les notices relatives aux villes de l'Europe, et il les a publiées en un assez gros fascicule que j'ai sous les yeux (2).

Comme les principaux auteurs que cite Qazwīnī sont de la fin du Xᵉ siècle, les renseignements publiés par M. Jacob sont contemporains de l'an mille, c'est-

---

(1) Voyez par exemple le voyage de Ibrāhīm ibn Ja'kūb dans l'Europe du Nord-Est en 973, et la bibliographie des ouvrages qu'il a provoqués (Jacob, p. 9).

(2) *Artikel aus Qazwīnīs Athār al-bilād*, 3ᵉ édit., Berlin, 1896.

à-dire de l'époque la moins riche de toutes en documents sur l'Aquitaine.

Voici ce que Qazwini dit de Bordeaux :

BORDHÎL [1]

1. « Bordeaux est une ville dans la contrée du pays des Francs, riche en eau, arbres, fruits de toute sorte. » — Ce qui se passe de commentaire.

2. « La majorité de ses habitants sont chrétiens. » — Ils ne l'étaient donc pas tous. Il devait y avoir, en effet, à Bordeaux, un assez grand nombre de Juifs [2] : il y en a toujours eu beaucoup, dès l'époque mérovingienne [3]; ils paraissent avoir été en quantité au neuvième siècle, dans les temps de l'invasion normande [4]

3. « Il y a là une haute bâtisse sur de grandes colonnes. » — J'ai à peine besoin de rappeler qu'il s'agit des ruines colossales des Piliers de Tutelle, et que ces ruines, la grande admiration des étrangers, furent stupidement détruites en 1677 par ordre du gouvernement de Louis XIV [5] : ce qui serait un motif suffi-

---

(1) « Das arabische Consonantengerippe gestattet die Aussprache *Bordhijala*, was dem alten *Burdigala* noch ziemlich nahe stehen würde. » Jacob. p. 30, n. 2.

(2) La prétendue colonie sarrasine de Sarcignan, près Bordeaux, est une invention de Baurein (*Vestiges du séjour qu'ont fait anciennement les Sarrasins dans le pays bordelais, ou recherches sur les restes d'un ancien monument qui existent*, etc.. 1772. mss. de l'Académie de Bordeaux, t. xix: le même, dans ses Œuvres. t. ii. p. 355 et s., t. iv, p. 372 et s.), invention provoquée par le « mur des Sarrasins » de ce hameau, lequel mur d'ailleurs est un aqueduc romain du premier siècle.

(3) *Inscriptions romaines de Bordeaux*, t. ii, n° 939; Grégoire de Tours. *De Virtutibus sancti Martini*, iii, 50.

(4) *Historiens des Gaules*, t. vii, p. 152. Voyez sur les Juifs de Bordeaux, les livres de B[eaufleury], Detcheverry et Malvezin.

(5) Je trouve dans le journal ms. de Caïla, à la date de 1677 : « Extrait d'un petit imprimé intitulé *Description de l'antique Plate-forme et des Piliers de Tutelle de la Ville de Bordeaux faite suivant l'ordonnance de Mgr le comte de Montaigu... et de M. de Seve... en

sant pour abominer à Bordeaux la mémoire du Grand Roi, si les Bordelais n'en avaient point d'autre.

4. «Sur le rivage de cette ville on trouve de l'ambre excellent. » — Il s'agit de l'ambre gris, l'*ambra* propre des Arabes. Il a été, en effet, assez commun sur les bords du golfe de Gascogne (1), au moins tant que les cétacés s'en approchèrent (2); et il était fort recherché des gens du rivage, à cause de sa valeur comme objet de parfumerie (3).

fév[rier] 1677. » Je ne connais pas cet imprimé. Je serais reconnaissant à qui le possède de me le communiquer. — Voyez sur les Piliers de Tutelle la bibliographie que j'ai donnée *Inscriptions romaines de Bordeaux*, t. i, p. 79; t. ii, p. 557.

(1) Cf. dans les mss. de l'abbé Bellet (mss. de l'Académie de Bordeaux, t. v, p. 39) une statistique de découvertes d'ambre gris dans la région.

(2) Il n'est point très rare, même aujourd'hui, de voir des cachalots s'échouer sur le rivage aquitain. On lit dans *la Petite Gironde* du 2 janvier 1902 : « *Arcachon*. Un cachalot s'est échoué sur le littoral du Cap Ferret, au poteau kilométrique 92. Il mesure huit mètres de long et un mètre de diamètre». — Voyez sur les cétacés en Gascogne, les mémoires de Darracq, *Pêche de la Baleine dans le Golfe de Gascogne* (*Société Linéenne de Bordeaux*, t. xxii, 1859) et de Fischer, *Cétacés du Sud-Ouest de la France* (même recueil, t. XXXV, 1881).

(3) Par exemple, *Inventaire sommaire de la Jurade*, t. i, p. 119 : « 1596. Mandement de 1600 écus pour le prix d'une pièce d'ambre gris dont la ville fit présent au Roy. » P. 120 : « 1597, 30 janvier. Présent fait au Roy par la ville de Bordeaux d'une pièce d'ambre gris pesant 90 onces. » C'est la même pièce, dont nous avons ainsi et le poids et le prix. Cf. aussi *Archives historiques de la Gironde*, t. ii, p. 186 et 187. — Encore à la fin du xvi° siècle, l'ambre gris des côtes du Médoc passait pour le meilleur; il a donné lieu (à cause du droit d'épaves) à de nombreuses dissertations et plaidoiries : voyez quelques textes et titres à ce sujet chez Francisque Michel, *Histoire du commerce à Bordeaux*, t. i, p. 15. — Un texte capital est celui de Girard, *Histoire de la vie du duc d'Espernon*, année 1604 (édit. de 1730, p. 210) : « La Mer de Médoc... a de coutume dans ses plus grandes agitations, de jeter de l'Ambre gris sur la Coste, le meilleur qui soit au monde. Nous pouvons avancer hardiment cette vérité, après avoir vu la différence qu'il y a de celui-ci à celui des Indes ».

Le dernier travail sur l'ambre gris est celui de Beauregard dans son traité de *Matière médicale zoologique* (préface de M. d'Arsonval, 1901), p. 201 et suiv. Voyez en outre sur cette question les deux mémoires des spécialistes en la matière : Pouchet et Beauregard dans les *Comptes-*

5. « Et l'on raconte que, quand ils ont un hiver rigoureux, et que la navigation maritime est interrompue, ils vont dans une île qui se trouve dans le voisinage, qui est appelée *Emcâti*. Il y a là une espèce d'arbre, qu'on appelle *mâdiqa*; quand la faim les tourmente, ils décortiquent cet arbre et trouvent entre son écorce et son bois une substance blanche (1), et ils s'en nourrissent tout un mois, et même deux et plus, jusqu'à ce que survienne un températuredouce. » — Qu'il y ait eu des hivers rigoureux à Bordeaux, cela va sans dire (2); que dans les épouvantables désastres du neuvième et du dixième siècle on se soit parfois nourri de matières ligneuses, cela est possible. Mais l'ensemble de ces détails me paraît surtout l'œuvre de l'imagination arabe, et, jusqu'à nouvel ordre, je ne cherche pas à identifier l'île *Emcâti* et le cambium du *mâdiqa* (3).

rendus de la *Société de Biologie*, 1892, et Pouchet, dans le volume commémoratif du centenaire du Muséum, 1893. Il est avéré maintenant que « l'ambre gris se forme dans le rectum du cachalot ; il revêt les caractères propres aux calculs intestinaux » (Beauregard, p. 201) ; mais il ne faut pas oublier, pour comprendre l'histoire ancienne de l'ambre gris, qu'« on l'a longtemps regardé comme une sorte de bitume ou comme formé de *résines* végétales provenant des terres voisines et bituminisées par l'action simultanée et prolongée de l'eau salée, de l'air et du soleil » (id). — Le principal entrepôt de l'ambre gris est aujourd'hui Boston ; le prix atteint de 2 à 3000 francs le kilo suivant la qualité ; mais les espèces très sèches et presque blanches peuvent monter à 7000 francs.

(1) Il s'agit du cambium, comme le fait remarquer M. Jacob, p. 31, n. 1.

(2) Voyez, sur ces hivers, une étude de M. Rayet, dans ses très belles *Recherches sur le climat de Bordeaux*, 1895, p. 83 et s.

(3) M. Jacob a donné de ce passage un commentaire plus étendu, mais pas plus concluant, dans ses *Studien in arabischen Geographen*, IVe fascicule, 1892, p. 115 : « Sur le nom de l'île et de l'arbre je ne peux rien alléguer de sûr, quoique j'aie pu examiner des plans exacts. Si l'on veut admettre une confusion, on pourra songer à *Medoca* (Méloc) pour *mâdiqa* ce qui est plus qu'étrange. On ne peut guère penser à la luzerne (*medica*). Pour la substance blanche entre l'écorce et le bois, j'ai songé d'abord au *pinus silvestris*, plus tard à son apparenté *pinus pinaster* qu'on nomme précisément « *Kiefer von Bordeaux* ». Mon collègue Mueller m'a fait adopter le cambium, qui renferme des éléments nutritifs, et que broutent les bêtes sauvages en hiver après avoir

6. « Il y a là une montagne, qui se dresse au-dessus de la ville et de l'Océan. Sur cette montagne se trouve l'image d'une idole, et elle est comme si elle disait aux gens, qu'ils doivent renoncer à l'entreprise de voyager sur l'Océan, afin que pas un de ceux qui sortent de Bordeaux, n'ait l'envie de s'embarquer. » — Il peut bien y avoir quelque fantaisie dans cette notice. Le fond cependant doit être vrai. Il s'agit sans doute d'un sanctuaire dominant la rive droite de la Garonne, perché sur les côteaux qui avoisinent le fleuve, soit à Cenon (la paroisse du bois sacré du Cypressat), soit à Lormont, soit à Laroque-de-'Thau, ou plutôt encore à Notre-Dame-de-Montuzets : toutes ces chapelles étaient chères aux marins de Bordeaux, mais cette dernière était la plus populaire (1).

II.

DAX AU Xᵉ SIÈCLE

La seconde ville de Gascogne dont il soit question chez Qazwînî est Dax (2).

---

enlevé l'écorce, si bien que l'on a dû parfois, à ce moment de l'année, prendre des mesures de protection : l'homme a pu, vraisemblablement, en temps de famine, apprendre des bêtes ce moyen de se sustenter. Peut-être encore est-il permis de penser à une sorte de man.. », et M. Jacob cite à ce propos le frêne à manne (*fraxinus ornus*), le mélèze (*larix europœa*). « On sait que la manne est amenée par des incisions dans l'écorce, qui pénètrent jusque dans le bois ». « Enfin, je n'exclus pas la possibilité qu'il s'agisse d'arbres à champignons. » — *Endgültig*, conclut justement l'auteur, *kann diese Frage icol nur in Bordeaux entschieden werden.* — C'est cette question que j'ouvre dans la *Revue de Gascogne*.

(1) Bellemer, *Histoire de la Ville de Blaye*, 1886, p. 51 et suiv.

(2) M. Jacob, p. 22, identifie *Efseh* avec Aix-en-Provence. Mais 1° Dax est sur la route d'Espagne, Aix en dehors des grandes routes de l'Occident ; 2° Aix possède en effet des sources d'eau chaude, mais la température en est de 36 degrés environ, ce qui est fort supportable ; 3° Aix est assez loin de son fleuve, l'Arc.

EFSCH (1)

1. « C'est une ville dans le pays des Francs, bâtie de pierres symétriques. » — Il s'agit des remparts romains de Dax, remarquables en effet par la symétrie de leurs assises de pierres de petit appareil et de leurs lignes de briques (2).

2. « Elle est située sur le bord d'un fleuve, qui est nommé le fleuve d'*Efsch*. » — Le voyageur arabe dont s'est servi Qazwini me paraît avoir fait un seul et même nom de celui de l'Adour, *Aturus* ou *Atur*, et de celui de Dax, *Aquae*. A moins qu'il ne faille rapprocher ce nom de *Efsch* de celui de *Alpheanus* qu'une charte du dixième siècle donnait, dit-on, au fleuve de l'Adour (3).

3. « Il y a là une source chaude, très riche en eau, sur laquelle est bâtie une maison avec une cour spacieuse. Dans cette maison les habitants prennent des bains chauds, mais en se tenant assez loin de la source

(1) Le texte porte, en effet *Efsch*. M. Jacob corrige en *Eysch* pour des raisons tirées de la paléographie arabe. Il ne me paraît pas cependant certain qu'il y ait faute.

(2) *Revue des Études anciennes*, Bordeaux, 1901, p. 215 et suiv. C'est le cas du reste de tous les murs gallo romains du IV⁴ siècle. Et de fait, Qazwini dit également de Rouen (p. 31) : « Ville bâtie de pierres ordonnées symétriquement », ce qui convient encore à l'enceinte romaine de cette ville.

(3) Charte du Cartulaire de Saint-Sever, citée par Marca, *Histoire de Béarn*, p. 221 : Ab ALPHEANO *qui modo vocatur vulgo* ATURIS Le nom de *Alpheanus* (seu *Aturris*) pour désigner l'Adour ne se trouve que dans les documents relatifs à Saint-Sever, documents qui ont sans doute, au moins pour ce nom, une commune origine : voyez la *compendiosa Vita sancti Severi* chez dom du Buisson (1681, édit. Pédegert et Lugat, 1876), t. i, p. 1; *Acta Sanctorum*, novembre, t. i, p. 212; autres, p. 15, 16, 17, 78; cf. encore p. 108, 112, etc. Ce nom a une tournure grecque qui le fait singulièrement cadrer avec le château *Palestrion* de Saint-Sever.

chaude, par crainte de la haute température de l'eau qui sort de la source chaude. » — La fontaine chaude de Dax est en effet à 60 degrés. Ce texte, je crois, est le plus ancien qui nous donne quelques détails précis sur les eaux de Dax et sur son premier établissement thermal (1).

CAMILLE JULLIAN.

(1) Il y aurait, je crois, une étude à faire sur les sources de la soi-disant Chronique de Bigorre (Nicolaus Bertrandi, *De Tholosanorum gestis* [1515], f° XVI v°; dom Brugèles, *Chroniques ecclésiastiques du diocèse d'Auch*, 1746, preuves de la première partie, p. 10), notamment en ce qui concerne le passage si discuté : *Ad nobilissimum oppidum Aquis (quod nunc dicitur Cauteres), tunc latum* [Bertrandi; *lautam* Brugèles] *et pingue..., cujus speciosissima ædificia detrahentes ad usum termas imperiales balneariorum* [Bertrandi; *balneorum* Brugèles; *balneoranis* vulgate] *habentes usum et cius* [Bertrandi; *cenas* Brugèles et vulgate] *salutiferas quæ ibi antiquitus constructæ fuerant demoliantur.* Au premier abord il s'agit de Cauterets : c'est l'opinion de Bertrandi, comme il l'indique par sa parenthèse, et c'est celle des savants à l'heure actuelle (Degert, *Revue de Gascogne*, 1899, p. 401). J'ai cependant encore quelques doutes, et je suis toujours frappé par les arguments que l'abbé Pédegert avait fait valoir en faveur de Dax (*Notice... sur Notre-Dame de Dax*, 1859, p. 93).

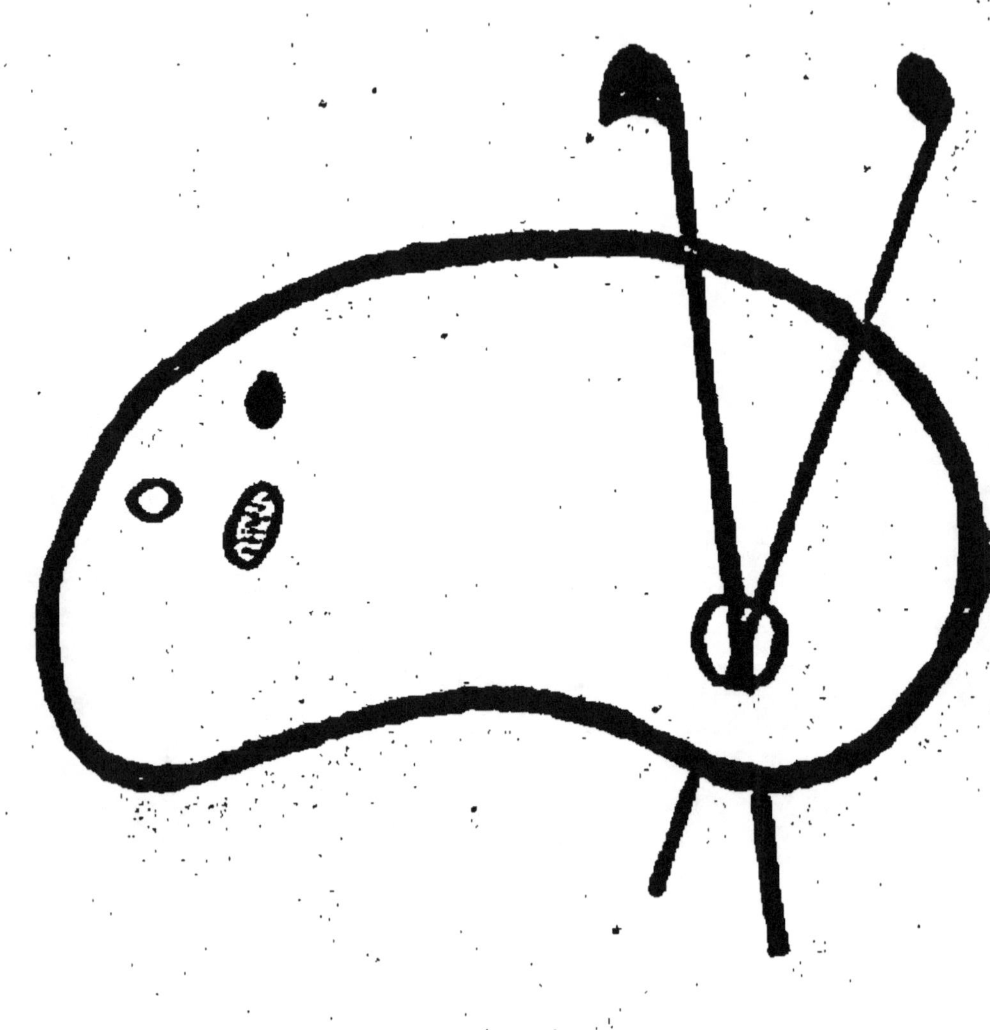

ORIGINAL EN COULEUR
N° Z 41-120-1